BEI GRIN MACHT SICH IHR WISSEN BEZAHLT

- Wir veröffentlichen Ihre Hausarbeit, Bachelor- und Masterarbeit

- Ihr eigenes eBook und Buch - weltweit in allen wichtigen Shops

- Verdienen Sie an jedem Verkauf

Jetzt bei www.GRIN.com hochladen und kostenlos publizieren

Bibliografische Information der Deutschen Nationalbibliothek:

Die Deutsche Bibliothek verzeichnet diese Publikation in der Deutschen Nationalbibliografie; detaillierte bibliografische Daten sind im Internet über http://dnb.d-nb.de/ abrufbar.

Dieses Werk sowie alle darin enthaltenen einzelnen Beiträge und Abbildungen sind urheberrechtlich geschützt. Jede Verwertung, die nicht ausdrücklich vom Urheberrechtsschutz zugelassen ist, bedarf der vorherigen Zustimmung des Verlages. Das gilt insbesondere für Vervielfältigungen, Bearbeitungen, Übersetzungen, Mikroverfilmungen, Auswertungen durch Datenbanken und für die Einspeicherung und Verarbeitung in elektronische Systeme. Alle Rechte, auch die des auszugsweisen Nachdrucks, der fotomechanischen Wiedergabe (einschließlich Mikrokopie) sowie der Auswertung durch Datenbanken oder ähnliche Einrichtungen, vorbehalten.

Impressum:

Copyright © 2018 GRIN Verlag
Druck und Bindung: Books on Demand GmbH, Norderstedt Germany
ISBN: 9783668636781

Dieses Buch bei GRIN:

https://www.grin.com/document/387927

Marie Steinkamp

Bedeutung und Verlauf der Einarbeitung neuer Mitarbeiter in einer Einrichtung der Kinder-, Jugend- und Altenhilfe

Onboarding

GRIN Verlag

GRIN - Your knowledge has value

Der GRIN Verlag publiziert seit 1998 wissenschaftliche Arbeiten von Studenten, Hochschullehrern und anderen Akademikern als eBook und gedrucktes Buch. Die Verlagswebsite www.grin.com ist die ideale Plattform zur Veröffentlichung von Hausarbeiten, Abschlussarbeiten, wissenschaftlichen Aufsätzen, Dissertationen und Fachbüchern.

Besuchen Sie uns im Internet:

http://www.grin.com/

http://www.facebook.com/grincom

http://www.twitter.com/grin_com

Onboarding – Bedeutung und Verlauf der Einarbeitung neuer Mitarbeiter in einer Einrichtung der Kinder-, Jugend- und Altenhilfe

Definition und Notwendigkeit

„Onboarding" (zu gleichbedeutend englisch-amerikanisch Onboarding, dies gekürzt aus taking on board, eigentlich = das An-Bord-Nehmen [Duden, o.J.]) ist eine neudeutsche Bezeichnung aus dem Personalmanagement und meint die Einarbeitung neuer Mitarbeiter. Gerade in Zeiten der Globalisierung und des demographischen Wandels gewinnt das Onboarding, in Anbetracht der daraus resultierenden sozialen Bindung an den Arbeitgeber, immer mehr an Bedeutung. Je nachdem wie gut der Prozess der Einarbeitung gelungen ist, wirkt sich das auf die Einstellung, das Verhalten sowie auf den Verbleib des Mitarbeiters im Unternehmen aus. (vgl. Lohaus u. Habermann 2016, S.9)

Besonders bedeutend sind die ersten Monate. Mitarbeiter passen sich in den ersten 4 Wochen stark an, Erfolgsmaße verändern sich danach nicht mehr stark. (vgl. Cooper-Thomas u. Anderson, 2005 in Lohaus u. Habermann 2016, S.9-10)

Die bedeutenden Kosten und das hohe Fluktuationsrisiko während der Einarbeitungsphase unterstreichen die betriebswirtschaftliche Bedeutung des erfolgreichen Onboardings. Während der Einarbeitung wird in den meisten Fällen das volle Gehalt gezahlt, obwohl die volle Leistung des Arbeitnehmers noch nicht erbracht werden kann. Zusätzlich entstehen Kosten durch die Einschulung und ggf. Weiterbildungen. Ein Mentor kümmert sich speziell um den einzuarbeitenden Mitarbeiter, in dieser Zeit können beide Arbeitskräfte keinen wirtschaftlichen Gewinn aufbringen. Des Weiteren können Kosten für eine erhöhte Fehlerquote oder langsameres Arbeiten aufgrund der Unerfahrenheit entstehen.

> Eine systematische Einarbeitung ist notwendig, um einen neuen Mitarbeiter möglichst schnell in die Lage zu versetzen, eigenverantwortlich, selbständig und fachgerecht die gestellten Aufgaben zu erfüllen. Sie soll es ihm erleichtern, sich in das bestehende Team, die Gruppe zu integrieren, ein Zugehörigkeitsgefühl zu entwickeln und seinen Platz im Team bzw. der Gruppe zu finden. (Theune 2010, S.108)

Ein weiterer Aspekt der das Onboarding in der heutigen Zeit so wichtigmacht ist der, dass die Mobilität der Arbeitnehmer zugenommen hat. „Arbeitsplätze werden heute deutlich häufiger als früher auf eigene Initiative hin gewechselt, um beispielsweise Entwicklungsmöglichkeiten zu nutzen, das Einkommen zu verbessern oder um den Arbeitsort an die Bedürfnisse des Partners bzw. der Partnerin anzupassen." (Lohaus u. Habermann 2016, S.9)

Andererseits versuchen aber auch Arbeitgeber einen möglichst flexiblen und kurzfristig an die jeweils aktuellen Bedürfnisse des Unternehmens angepassten Personalbestand anzustreben. Hierfür werden beispielweise befristete Arbeitsverträge oder Zeitarbeitskräfte eingesetzt.

Integrationsprogramme
Wie oben beschrieben hat der Ablauf des Onboardings eine enorme Bedeutung für den weiteren Verlauf im Unternehmen. „Effektive Integrationsprogramme bewirken Bindung an die Organisation und hohe Produktivität der neuen Mitarbeiter und beeinflussen deren langfristige Anpassung an das Unternehmen. Misslungene Integration kann dagegen einen Kreislauf in Gang setzen, der durch Misserfolg gekennzeichnet ist." (Gruman u. Saks, 2011 in Lohaus u. Habermann 2016, S.9)
Dass dieses Aufgabenfeld bei weitem noch nicht in seiner Wichtigkeit wahrgenommen wird, zeigen verschiedene Studien auf.

Die Candidate Journey Studie
Als Beispiel wird nun die Candidate Journey Studie vorgestellt, welche im Januar 2017 veröffentlicht wurde.
In der Studie wurde anhand von 773 erfolgreichen Bewerbergeschichten untersucht, was *New Hires*[1] sich ab dem Moment der Jobzusage wünschen und was sie dann erlebt haben.

> Für den direkten Übergang vom Kandidaten- zum New Hire-Status stehen ganz oben auf der Liste das zeitgerechte Vorliegen des Arbeitsvertrages (für 79% der Befragten ist das wichtig) und der Wunsch nach konkreten Ansprechpartnern aus Personal- und Fachabteilung, die für Fragen jederzeit zur Verfügung stehen (für 76% wichtig). Mit 49% folgen dann vom Arbeitgeber bereitzustellende weitere Informationen zum Unternehmen und zur neuen Stelle. Die Differenz zwischen Wunsch und Wirklichkeit ist bei den vom Arbeitgeber aktiv bereitzustellenden Informationen mit 27% auffallend groß. (…) 34% der Befragten nennen außerdem die gezielte Beteiligung an Aktivitäten des Unternehmens bereits vor dem ersten Arbeitstag als wünschenswert. (Athanas, 2017)

---

[1] Neu eingestellte Mitarbeiter

Onboarding Experience – alle Studienteilnehmer

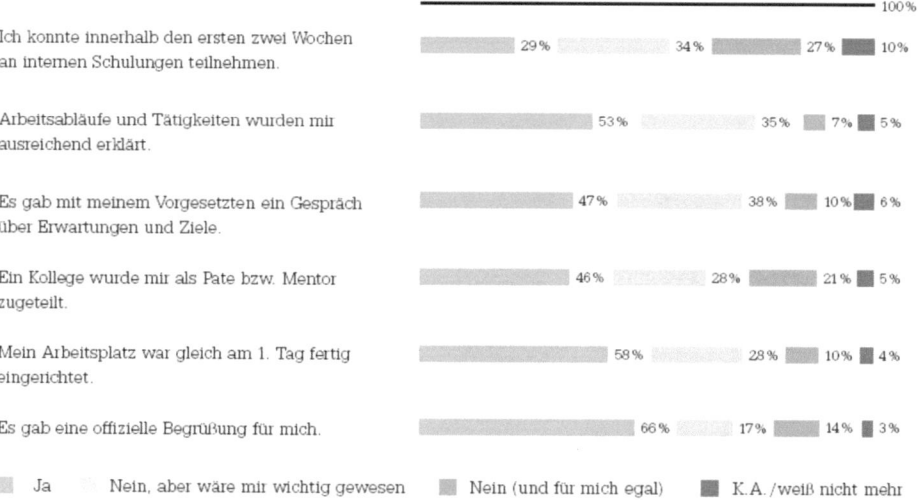

Abbildung 17: Realität und Wunsch: Erwartungen der neuen Mitarbeiter in den ersten zwei Wochen (alle Befragten).

(Abbildung 1)

Die Abbildung zeigt drei besondere Auffälligkeiten. Zum einen konnten nur 29% der Befragten innerhalb der ersten zwei Wochen an internen Schulungen teilnehmen, obwohl 34% sich gewünscht hätten, dies ebenfalls tun zu können.

Weiter beklagen 35%, dass die Arbeitsabläufe und Tätigkeiten nicht zeitnah ausreichend erklärt worden sind. Außerdem gibt es zwar für 47% Gespräche mit dem Vorgesetzten über Erwartungen und Ziele, weitere 38% haben diese allerdings nicht und würden sich diese wünschen.

Die nachfolgende Grafik zeigt Erwartungen und Erlebnisse der Neueingestellten im Hinblick auf die Elemente der *Employee Experience*[2]. Das besondere hierbei ist, dass die Studienteilnehmer in zwei Gruppen eingeteilt und einander gegenübergestellt wurden. Der obere Balken zeigt die Studienteilnehmer und deren Erleben, bzw. Erwartungen. Sie sind nach der Tätigkeitsaufnahme beim neuen Arbeitgeber bereits wieder auf Jobsuche, bzw. nach wie vor bereit sind die Arbeitsstelle zu wechseln. Der untere Balken hingegen zeigt die sog. *Good Practice-*

---

[2] Die Erfahrungen als Mitarbeiter eines Unternehmens

Abbildung 19: Employee Experience, allgemeine Ergebnisse.

(Abbildung 2)

Gruppe³, welche diejenigen Studienteilnehmer sind, die in mehrfacher Hinsicht bei ihren neuen Arbeitgebern hervorragende Prozesse als Kandidat bzw. New Hire durchlaufen haben und nicht erneut die Absicht besitzen zu wechseln. (vgl. Athanas, 2016)

Der Vergleich der Antworten aller Befragten mit denen der Good Practice-Gruppe lässt bei den Letzteren eine deutlich effektivere Umsetzung des Onboardings erkennen. Auffällig sind die Unterschiede in Bereichen mit deutlich artikulierten Wünschen nach Verbesserung. Den Gesprächen zwischen Vorgesetzten und Mitarbeitern über Erwartungen und Ziele sowie den Erläuterungen von Arbeitsabläufen und Tätigkeiten kommt eine entsprechend hohe Bedeutung im Rahmen des Onboardings zu. (Wald u. Athanas 2016, S. 26)

---

[3] Mit diesem Konzept werden die Praktiken der Unternehmen beschrieben, die nach den Erkenntnissen der Autoren dieser Studie zu einer positiven Employee Experience führen

Das Konzept des Onboardings am Beispiel einer Einrichtung der Kinder-, Jugend- und Altenhilfe

Angelehnt an die Verfahrensanweisung zur Einarbeitung neuer Mitarbeiter der Einrichtung der Autorin

Grundsätze

Die konkrete Umsetzung der Einarbeitung neuer Mitarbeiter erfolgt, wenn der Arbeitsvertrag unterschrieben in der Einrichtung/Personalabteilung mit dem darin formulierten Arbeitsbeginn vorliegt. Da Mitarbeiter in verschiedenen Arbeitsbereichen mit unterschiedlichen Voraussetzungen eingearbeitet werden, gibt es zu der einheitlichen Infomappe über die Organisation und ihre grundlegenden Strukturen innerhalb der Einrichtung ergänzend aufgaben- und stellenbezogene Checklisten zur Einarbeitung. Diese werden regelmäßig an den aktuellen Bedarf mit dem Anforderungsprofil unter Berücksichtigung der konzeptionellen und rechtsverbindlich geforderten Rahmenbedingungen angepasst. Die Checklisten berücksichtigen Kriterien zu besonderen Arbeitsschutzbelangen und Schulungen.

Die Dauer der Einarbeitung beträgt 6 Wochen in der Altenhilfe und 5 Monate in der Kinder- und Jugendhilfe. Für die Dauer der Einarbeitung steht dem neuen Mitarbeiter ein Mentor zur Seite. Für den neuen Mitarbeiter werden längstens 8 Orientierungstage in paralleler Besetzung im Dienstplan eingeplant (bereichsbezogen; vorrangig 4 Tage im Frühdienst/ 4 Tage im Spätdienst in der Altenhilfe). Der Mentor ist vor Arbeitsbeginn in dem jeweiligen Arbeitsbereich fach- und aufgabenbezogen festzulegen. Die Abschlussbeurteilung erfolgt in einem gemeinsamen Gespräch zwischen dem Mitarbeiter, dem Mentor und dem Fachvorgesetzten. Die Grundlage jeder Beurteilung bildet die jeweilig gültige Stellenbeschreibung des Mitarbeiters. Die Selbsteinschätzung des Mitarbeiters ist gewollt und trägt zu einer einvernehmlichen, konstruktiven Einschätzung zu einer Fortsetzung oder Beendigung der Beschäftigung innerhalb der Probezeit bei. Das Abschlussgespräch ist kein kritik- sondern ein sachbezogenes Beurteilungsgespräch.

Vorbereitung

Die verantwortliche Einrichtungsleitung erhält eine konkrete Terminbestätigung zum Beschäftigungsbeginn des neuen Mitarbeiters durch die Personalabteilung. Der neue Mitarbeiter erhält über die Personalabteilung bei Unterschrift des Arbeitsvertrages seine Infomappe. Die Einrichtungsleitung informiert den bereichsbezogenen Fachvorgesetzten des neuen Mitarbeiters über den Termin des Beschäftigungsbeginns. Der Fachvorgesetzte plant daraufhin mit der Eingabe der strukturbezogenen Zuordnung im Dienstplan durch die Personalabteilung den Dienstzyklus für den neuen Mitarbeiter (Abstimmung Dienstzeiten mit dem neuen Mitarbeiter; Uhrzeit Arbeitsbeginn nach Absprache, bereichsbezogen). In dem Arbeitsbereich plant der Fachvorgesetzte mit dem Team den zuständigen Mentor. Die Einrichtungsleitung stimmt mit dem Fachvorgesetzten und Mentor den Ablauf des 1. Arbeitstages ab, dazu gehört:

Arbeitszeit, Begrüßung, Namensschild/Schlüssel, Vorstellung Mentor, Rundgang durch die Einrichtung/Abteilungen und ein Informationsgespräch über:
Dienstzeiten, Dienstordnung, Schweigepflicht, Dienstkleidung, Umkleideräume, Urlaubsregelung, Arbeitsunfähigkeit.
Der neue Mitarbeiter erhält durch die Einrichtungsleitung bzw. den Fachvorgesetzte/n die Information zum Arbeitsbeginn und -ablauf an seinem 1. Arbeitstag.

Verantwortlichkeiten

Prozessverantwortlicher: Leitung des jeweiligen Bereichs
Durchführungsverantwortung: Mentoren, neue Mitarbeiter, Wohnbereichsleitung/ Gruppenleitung

Durchführung

Ist der Arbeitsvertrag von dem neuen Mitarbeiter unterschieben worden, kann der Arbeitsbeginn erfolgen. Die Einarbeitung erfolgt in den verschiedenen Bereichen entsprechend den jeweiligen Checklisten zur Mitarbeitereinarbeitung.

Zielsetzung

Die Einarbeitung neuer Mitarbeiter nach einem einheitlichen Verfahren gewährleistet systematisch die Sicherstellung der leistungs- und Arbeitsfähigkeit innerhalb der Einrichtung. Sie unterstützt den Grundgedanken des Miteinander und Füreinander, indem neue Mitarbeiter, bezogen auf ihre Ausbildung, Kompetenzen und Arbeitsbereiche, befähigt werden sicher, sozial und fachlich ausgerichtet ihre neuen Aufgaben auszufüllen. Die Qualitätssicherung, die Umsetzung einheitlicher methodischer Ansätze und die Einhaltung der relevanten Standards sind grundlegende Kriterien unseres Einarbeitungsverfahrens. Neue Mitarbeiter können sich so gut in die Teams integrieren, sich innerhalb der Einrichtung orientieren und den relevanten Anforderungen entsprechen. Die Repräsentation der Einrichtung nach innen und außen kann von neuen Mitarbeitern dadurch angemessen und förderlich gestaltet werden. Eine gute und kompetenzfördernde Einarbeitung erhöht die Mitarbeiterzufriedenheit und trägt zu einer zeitnahen selbstständigen und eigenverantwortlichen Arbeit bei und vermeidet Frustrationen. Die Einarbeitung sichert die Einhaltung gesetzlicher Rahmenbedingungen. Eine wertschätzende und sachorientierte Rückmeldung durch regelmäßige Reflexionsgespräche während und zum Abschluss der Einarbeitungs-/Probezeit zu der geleisteten Arbeit, die fachliche und persönlichen Fähigkeiten und dem Anforderungsprofil der Stelle, dienen der gemeinsamen Entscheidungsfindung. Notwendige Verbesserungen, Schulungen, Qualifizierungen oder die Prüfung zu der Fortsetzung des Arbeitsverhältnisses werden dadurch förderlich im Gesamtprozess etabliert. Eine gute und transparente Einarbeitung neuer Mitarbeiter vermeidet personelle Fehlbesetzungen und mindert häufige Personalfluktuationen.

Literaturverzeichnis:

Athanas, Christoph; "Onboarding Experience: Was bei Integration und Bindung neuer Mitarbeiter zählt" auf meta HR, URL: https://blog.metahr.de/2017/02/13/onboarding-experience-was-bei-integration-und-bindung-neuer-mitarbeiter-zaehlt/ vom 13.02.2017, abgerufen am 29.10.17

Duden, o.J. Internet; URL: https://www.duden.de/rechtschreibung/Onboarding ; abgerufen am 28.10.17

Lohaus, Daniela / Habermann, Wolfgang: „Integrationsmanagement – Onboarding neuer Mitarbeiter", Vandenhoeck & Ruprecht GmbH & Co. KG, Göttingen 2016

Theune, Dorothea in Bechtel, Friedrich und Kerres (Hrsg.) „Mitarbeitermotivation ist lernbar: Mitarbeiter in Gesundheitseinrichtungen motivieren, führen und coachen" Springer-Verlag Berlin Heidelberg 2010

Wald, Peter M./ Athanas, Christoph; "Candidate Journey Studie 2017"; im Internet, URL: https://www.metahr.de/wp-content/uploads/Candidate_Journey_Studie_2017.pdf ; abgerufen am 29.10.17

Abbildungsverzeichnis

Abbildung 1: Quelle: Internet; Candidate Journey Studie 2017 Abbildung Onbaording Experience, URL: https://blog.metahr.de/wp-content/uploads/2017/02/CJStudie_Abb17.jpg ; abgerufen am 29.10.17

Abbildung 2: Quelle: Internet; Candidate Journey Studie 2017 Abbildung Onboarding Experience, URL: https://blog.metahr.de/wp-content/uploads/2017/02/CJStudie_Abb19.jpg ; abgerufen am 29.10.17

BEI GRIN MACHT SICH IHR WISSEN BEZAHLT

- Wir veröffentlichen Ihre Hausarbeit, Bachelor- und Masterarbeit

- Ihr eigenes eBook und Buch - weltweit in allen wichtigen Shops

- Verdienen Sie an jedem Verkauf

Jetzt bei www.GRIN.com hochladen und kostenlos publizieren